KV-398-213

CENTRAL LIBRARY

10 SEP 2009	16 SEP 2011	2 9 MAR 2012
2 0 OCT 2009	2 2 JUN 2012	2 2 JUN 2012
2 2 DEC 2009		2 1 FEB 2013
2 3 FEB 2010	2 1 DEC 2012	
2 0 AUG 2010	1 0 MAY 2013	1 6 SEP 2014
- 3 NOV 2011	2 7 NOV 2014	1 2 JAN 2015

WITHDRAWN

INVERCLYDE LIBRARIES

CENTRAL LIBRARY

This book is to be returned on or before
the last date above. It may be borrowed for
a further period if not in demand.

For enquiries and renewals Tel: (01475) 712323

Inverclyde Libraries

34106 000348396

NO' RABBIE

BURNS

*Poetry the bard would not
have put his name to*

STUART MCLEAN

821 914

NO' RABBIE BURNS

Crombie Jardine
PUBLISHING LIMITED

4 Belgrave Place
Edinburgh
EH4 3AN
Scotland
www.crombiejardine.com

Published by Crombie Jardine Publishing Limited
First edition, 2008

Copyright © Stuart McLean, 2008

All rights are reserved. No part of this publication may be reproduced, stored in a retrieval system, or transmitted, in any form or by any means, electronic, mechanical, photocopying, recording or otherwise, without the prior written permission of the publisher.

ISBN 978-1-906051-24-2

Written by Stuart McLean

Cover and text designed by www.glensaville.com

Printed in China

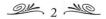

CONTENTS

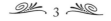

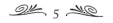

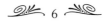

NO' RABBIE BURNS

INTRODUCTION

Rabbie Burns is indisputably (well I'm certainly not disputing it) Scotland's favourite poet. Indeed he's ranked amongst the world's greatest poets of all time. Born in Alloway on the 25th of January 1759 to poor farming parents he wrote prolifically from the age of 15 until he died aged just 37. In his short life he produced many works of pure genius: "Auld Lang Syne", "Tam O' Shanter" and "A Red, Red Rose" to name but a few.

However, none of the poems in this book is a great work of literature. None of them will be read in 250 years time – in fact all of them will have slipped into obscurity in 250 days. For these poems were not written by Rabbie Burns. These are the poems that he might have written if he were alive today and had become completely crap at writing.

Unlike Rabbie's masterpieces, these poems were

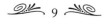

not written over a period of 22 years – actually they were all scribbled in just 22 days. Admittedly, they do have a couple of things in common with Rabbie's poems – they contain words and they are printed on paper. Sadly, all similarities end there.

"Why should I buy this book?" I hear you say. Well, when read to a group of inmates at Barlinnie Prison by way of a punishment 68% thought them 'hilarious', 27% thought them 'very funny', 4% thought them 'better than tapioca' and 1% died. With a testimonial like that how could you possibly resist?

If you decide to part with your hard-earned cash and buy this book or manage to steal a copy, I hope that you find the poems amusing. If you think them disgustingly worse than tapioca, well at least the book is the perfect size for propping up that old wobbly table in your kitchen.

Please visit the No' Rabbie Burns website:
www.No-Rabbie-Burns.com

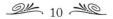

Charlie He's A Skiver

Tune: Charlie He's Me Darling

Chorus:
O, Charlie he's a skiver,
A skiver, a skiver.
Charlie he's a skiver,
The young Chav-in-Gear.

'Twas on a Monday morning,
Jist efter twenty beer,
Thit Charlie came tae oor buroo,
The young Chav-in-Gear.

As he was walking up the aisles,
The claims forms for to view,
O, there he spied the 'child allowance',
And some 'invalidity benefits' too.

Sae glad he jumped up an' doon,
Demanding fifty poun',
Saying "Ah'm goan tae top masel',

If Ah don't get it soon."

We gave him awe the money,
Fur we hudnae any choice,
And now he's getting awfy pissed,
Wae the other skiving boys.

Ye Labourites By Name

Chorus:
Ye Labourites by name, lend an ear, lend an ear,
Ye Labourites by name, lend an ear,
Ye Labourites by name,
Your faults I will proclaim,
Your doctrines I must blame – you shall hear!

What's right and what is wrang, by the law,
by the law?
What's right and what is wrang by the law?
What's right and what is wrang?

A nuke base at Faslane,
All weak men and all strang, for to kill.

What makes heroic strife, fam'd afar, fam'd afar?
What makes heroic strife, fam'd afar?
What makes heroic strife?
To take ten million lives,
And haunt our planet's life wi' nuclear war.

Then let your schemes alone in the state,
in the state,
Then let your schemes alone in the state,
Then let your schemes alone,
Adore the Scottish sun,
And leave our land alone to its fate.

Address of Bruce, The Best Man, To The Groom At His Wedding

Tune: Hey tutti taiti

Scot, wha hae wi' shavin' bled,
Scot, wham is so easy led,
Welcome to yer wedding bed,
Oh such mysterie!

Now's the day, and now's the hour:
See the front o' battle lour,
See approach yer new bride's mither,
Chains and slaverie!

Wha could be so bloody brave?
Married till ye meet the grave?
All yer life tae be a slave?
Too late tae turn, and flee!

By yer wife's woes and pains,
Ye'll hae six screamin', scroungin' weans,
They'll ensure yer bank book drains,

And ye shall ne'er be free!

Lay such horrid thoughts aside!
Long enough have ye cried!
Let us stand and toast the bride!
The drinks are all on me!

To A Tattie – On Turning Her Over And Putting Her In The Oven At Gas Mark Seven For Thirty Minutes

(An almost traditional St. Patrick's Day
dedication to the common potato.)

Wee sleekit, cow'rin, tim'rous tattie,
Plucked frae the ground ye little fattie,
Thou need na try to rin aff hasty,
Tae save yer life,
Cos I wid hae to rin an' chase thee,
Wi' murdering knife.

I'm truly sorry man's cuisine,
Has broken Nature's social scene,
But efter awe, yer jist a spud,
Fruit o' the earth, child o' the mud,
Baked tae make ye o' sae tasty,
Tae ony mortal!

Still thou art blest, compar'd wi' me,
Even though I'll eat you for my tea,
Wae baked-beans spread on top of ye.
What is your effect goin' tae be?
I'll fart all day – my wind blowin' free,
I guess an' fear!

One Night As I Did Wander

One night as I did wander,
Where junkies like to shoot,
I sat me down tae ponder,
On a down-and-out's old boot.

Auld Annie hobbled by me,
And climbed into her box,
She cursed away like billyo,
For she'd caught a dose o' pox.

O why's there such injustice,
In this bonnie land of oors?
Where some folk live in castles,
An' others live as whores.

Ah'd like tae right awe the wrangs,
That blight oor lives today,
But there's no' much thit Ah can dae,
As a poet on minimum pay.

A Hundred Of Us Remain Alive

Chorus:
Honest men, let us fight for freedom,
Let us rise and be a nation once more,

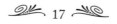

NO' RABBIE BURNS

Honest men, let us fight for freedom,
But maybe no' 'til EastEnders is o'er.

Our history is slowly melting,
Washed away by the anaesthetic drips,
Of soap operas, computer games,
Instant coffee, burgers and chips.

The Highland Clearances no longer
fires our rage,
The Declaration of Arbroath no longer
fuels our pride,
Now we only don the kilt for weddings,
To smile at the camera and kiss the bride.

For centuries we fought for our wee bit
hill and glen,
Rejoiced every victory and mourned each
cruel defeat,
Now our only rebellious act is switching channel,
While the wife is watching Coronation Street.

At Bannockburn we stood strong and

showed our might,
We died at Culloden but not without
a bloody fight,
Now our patriotism is confined to the
football stadium,
Accepting defeat as if it were our right.

O, Robert the Bruce where are you now?
Prince Charlie will your wife not let you come?
Or are there not a hundred of us remain alive,
Would even give up the telly to fight for
our freedom?

A Nedette's Tale

Oh come all yous Neds and little Nedettes,
And Ah'll tell yous a tale that yous'll
never forgets,
'Bout the time Ah got knocked up in
a bus shelter,

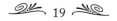

By Big Tam and Rab and some plooky
wee skelter.

We wis drinkin' ra Buckie doon by the river,
And Ah felt ma body go all aquiver,
Ah thought it wis the ecstasy but then realised,
It wis the dirty wee cunts wae their hands
on my thighs.

By noo Ah wis blootered and could barely walk,
But the drink and the drugs made me want
some cock,
And so all the guys Ah decided tae please,
And ended up it ra shelter wae ma knickers
at ma knees.

A few months later ma bump started tae show,
And Ah thought tae masel' "Oh fuck no!"
The last thing Ah want is a bloody wean,
For wae ma Barbie doll Ah'd rather be playin'.

But ma mither she said no' tae get all upset,
Thit good frae awe this could still come yet,

Dae ye know she wis right – it pays tae be loose,
Cos now Ah'm livin' in ma ain council hoose.

Red Glow The Rashes

Chorus:
Red glow the rashes, O,
Red glow the rashes, O,
The sairest hours that e'er I spend,
Wis efter shagging the lasses, O.

There's nought but lust in ev'ry han',
In ev'ry whore that passes, O.
What signifies the life o' man,
Lies in between the lasses, O.

But gie me a horny hour at e'en,
My arms molest my dearie, O,
An' war'ly cares, an' war'ly men,
We a' got gonorreerie, O!

For you sae prudish, ye sneer at this;
Ye've never held their asses, O,
The wisest man the warl' e'er saw,
Wore condoms wae the lasses, O.

Tae A Backle

O wornie, weenkle bonkled Backle,
Skeetin' doon yon thochtie meckle,
Wenten mornoot wae monie a chattel,
Nae brostie fondent blooday kettle.

O Bonnie Lass I Love Ye

O, once I lov'd a bonnie lass,
As slender as a blade o' grass,
With legs that ran awe the way,

Up to her sweet wee ass.

Ah, bonnie lass, I lov'd ye so,
And asked ye me tae wed,
Without a thought ye answered yes,
And soon we oft tae bed.

But, O I found ye lov'd the haggis,
Much mair than ye lov'd me,
And quick ye grew frae slim size six,
Tae a massive thirty-three.

O, now yer legs are swollen,
In competition wae yer tum,
And I cannae get intae bed,
For yer bloody big fat bum.

But bonnie lass I love ye still,
And guess I always will,
For there's something about a fat burd,
That gies a man a thrill.

To A Vegetarian Haggis

Oh go'en hide yer sleekit face,
Great charlatan o' the pudding-race!
Ahin them a' ye tak your place,
Onion, lentil, and baked beans,
Weel are ye wordy o' great disgrace,
As lang's my arm.

Ye Pow'rs, wha mak mankind despair,
And dish them out their bill o' fare,
All Scotland hates yer stinking ware,
That smells like lavvies,
But, if ye wish her gratefu' prayer,
Cowp yon veggie haggis!

Lines Written On A Copy Of Thomson's Songs That Had Been Used To Wrap A Fish Supper

Twa poun' o' porridge oats
An a bone fae the dug
Half a stane o' tatties
And wine fae the jug
Beer fae the tappet hen
A gross o' ribbed Durex
Don't forget the tumshies
Then dash home fae some sex.

Epitaph To Jack McMarra

Here lies Jack McMarra,
Fell under a barra,
Nae mair livin',
Gone tae Hivin,
Here lies Jack McMarra.

Bonnie Jean – Barmaid Tae All

There was a lass and she was fair,
And she liked tae flash her underwear,
As down at the pub pints she did pull,
And any man when e'er he was full.

At her house, the baker delivered every morn,
And the butcher's meat she had for tea,
Wae a smile on her face yet a look forlorn,
She said she had a slot for me.

She asked me tae call around for dinner,
I said I was wed and no' a sinner,
Laughing, she demanded that I arrive at eight,
For longer than that she couldn't wait.

All trembling I approached her door,
And she answered in her bikini,
I demanded that she put on some more,
For it really was awfy teeny.

She took my hand and led me in,
Straight to her bedroom – her den of sin,
She slipped off her clothes and lit a fag,
That's when I learned *she's* a man in drag.

O Jean she is ever so fair,
But if yer drunk you'd best beware,
For she'll trap your heart in her evil lair,
And soon you too will wear silk underwear.

On Wee Jeanie Trawper

Poor wee Jeanie Trawper,
She wis born tae be a pauper,
Ne'er a penny tae rub taegither,
Wearin' same clathes whitever the weather.

O poor wee Jeanie, poor wee Jeanie Trawper.

Poor wee Jeanie Trawper,
Poor wee Jeanie Trawper,
Thin as a rake since she wis a wean,
Hudnae a place tae ca' her ain.

Then fate took a scunner tae aw her snottery,
Changed her life wae a win oan the lottery.
Soon Jeanie lived in a stately home,
Holidays in London, Paris and Rome.

O rich wee Jeanie, mega rich wee Jeanie Trawper.

Despite her wealth she wisnae happy yet,
For 'friends' were only after whit they could get,
So Jeanie couldnae trust anyone,

Which made being rich no' much fun.

O poor wee Jeanie, poor rich wee Jeanie Trawper.

So Jeanie gave her money tae a Big Issue seller,
Which came as a shock tae the strange little feller,
In return she got his cardboard box,
Which was nicely situated down at the dock.

O poor wee Jeanie, poor wee Jeanie Trawper.

At last Jeanie is content wae her lot,
She disnae hae a Jaguar, she disnae have a yacht,
But a' least she can trust the few friends she's got,
And friendship like that just can't be bought.

O poor wee Jeanie, poor happy wee
Jeanie Trawper.

On A Lass Of Amazonian Stature

O Maisie she's a right bonnie big lass,
Built like an elephant an' twice the mass,
Wae eyes as big as mince meat pies,
An' the strength tae kill men atween her thighs.
Dinnae fo' fae the charms of her mighty tits,
Or ye'll end up bein' buried in twenty bits.
Oh Maisie she's a right bonnie big lass.

On The Scottish Weather

What's the weather like today, Bob?
Is it no' still June, Rabbie?
Aye, it is that, Bob.
Well it'll be raining then, Rabbie.

O Lassie Art Thou Sleeping Yet?

Tune: Will ye lend me your loom.

Chorus:
O let me in this ae night,
When ma cock for once is big an' tight;
Ye can even keep oan the light,
O gonnae let me in, jo.

O lassie art thou sleeping yet,
Or art thou awake and wantin' a bit?
The Viagra has worked – see the size o' it,
And I would fain be in, jo.

Thou knows I'm gettin' on in years,
And impotency has caused us monie tears;
So I drown ma sorrow wae strong beers,
But I would fain be in, jo.

So I bought a wee packet oan eBay,
A king's ransom I hud tae pay;
And I swallowed them awe today,

So for Christ's sake let me in, jo.

Her Answer

Chorus:
I tell you now this ae night,
Tho' yer cock's as big as a bull's delight;
Ye can wank away for awe yer might,
For yer getting sweet F.O, jo.

O tell na me 'bout awe yer pain,
For it only fills me wae disdain;
This night for sure yer gettin' nane,
O I widnae let ye in, jo.

Ye've wasted money on stupid pills,
In the hope o' getting yer kinky thrills;
But ye'd better a paid oor monie bills,
For I widnae let ye in, jo.

So go take out yer ancient Razzle now,
And wank away tae some filthy cow;
Jist get oot o' ma sight any how,
Cos yer damn no' getting in, jo.

The Lovely Lass O' Westerhales

The lovely lass o' Westerhales,
Such a bonnie sight to me,
Wae piercings awe about her face,
Jist like a Christmas tree.

All dressed in black frae head tae foot,
A Goth she likes tae be,
Wae mini skirt showin' lacy pants,
For awe the world tae see.

So oft she'll go intae toon,
Tae nightclubs full o' glee,
And when she leaves she'll hae a bloke,
But mair often she'll hae three.

A Warning On Spontaneous Combustion

O whisky is the king of drinks,
Renowned the world o'er,
But here's a word o' caution,
Tae think of when ye pour.
There's a certain combination,
That tastes so very good,
But when it hits your tummy,
And mixes with your food,
That's when the trouble starts,
For yer pleasure hits overload,
And half an hour later,
Ye'll suddenly explode.
So there ye are in the pub,
Completely engulfed in flames,
And yer good wife's dashing home,
Tae lodge insurance claims.
Well now that I have told ye,
Don't say ye've no' been warned,

So don't try it oot yersel',
Or ye'll soon be bein' mourned.

Beating Swords Into Ploughshares

Chorus:
Beating swords into ploughshares,
Turning hate into love,
Weakness is your greatest strength,
Don't let the hawk kill the dove.

Rory McBride wis only twelve,
Out fishing on the Clyde,
Something tugged upon his line,
And he very nearly died.
As he fell intae the watter,
He yelled oot words obscene,
Cos it isnae every single day,
That ye catch a submarine.

Drookit he sat upon the bank,
His body awe aquiver,
"Oh fuckin' Hell!" he cried,
"Whit's that doin' in oor river?!"
For though he wis jist a lad,
He sensed it wisnae right,
Tae try an' keep the peace wae
A trillion ton o' dynamite.

Rory found oot all aboot the subs,
Four cuckoo eggs inglorious,
Vessels of mass destruction,
Vanguard, Vigilant, Vengeance and Victorious.
Each wan wae fourteen nuclear missiles,
Havin' eight warheids each,
All hoosed just a stone's throw frae
Where he played upon the beach.

At eighteen Rory joined the camp,
That's based doon at Faslane,
Livin' rough in the carriage,
O' a fifty-year-old train.

And so he joined the battle,
Tae huv Trident removed,
Takin' part in protest marches,
Though not everyone approved.

Selflessly Rory fights the war for peace,
He's been tae jail on many a time,
Though he's never raised a fist in rage,
Loving humanity his only crime.
Noo twenty years he's been there,
Despite threats and eviction orders,
For our quiet hero willnae budge,
Till those subs have left oor borders.

Oor Jimmy Goat An ASBO

It wis jist before his birthday,
He wis very nearly six,
That oor Jimmy broke those windies,
Wae some dirty great big bricks.

Then he kicked old Mister Brown,
And telt him tae "fuck aff",
Relieved him o' his pension,
And cut his walkin' stick in haff.

Aye, oor Jimmy is a right wee lad,
He's alwis full o' fun,
But he's only at his happiest,
When he's playin' wae his gun.
He shoots at cats and dogs and stuff,
And people on their bikes,
He disnae mean them any herm,
It's jist somethin' thit he likes.

Jimmy goat a birthday present,
A man frae The Council called,
Presented him wae an ASBO,
And said he wis appalled.
Ah'm takin' Jimmy oot taenight,
The wee lad cannae wait,
We're off doon tae McDonalds,
Tae fuckin' celebrate.

Epitaph To Jock MacDee

Sa' men die in victory,
Heroes wan an' awe,
Their souls tae rise in glory be,
As in battle they did fa'.

Some men die celebrity,
Wa' fame and fortune found,
Ne'er tae forgotten be,
Tho' six foot underground.

But who the Hell was Jock MacDee?
Who the Hell was he?
Who the Hell was Jock MacDee?
I think I've wondered into the wrang church!
… excuse me.

Hame Frae Ra Pub

Ah'm hame frae ra pub so Ah um,
An' poems Ah've goat tae write,
But ma heid's thumpin' an' Ah'm fair skunnered,
For Ah just cannae get any words tae rhyme.

Ode Tae A Bumble Bee

Wee hoverin', fleein' ferlie fello',
Wi' yer stripes o' black and yello',
Yer ever sae bonnie, so ye ur,
Like a spring lamb – only smaller and
withoot the fur,
But see if ye ever sting me oan the bum again,
Ah'm gonnae jump on yer heid so Ah um.

You've Done It, Jessie Ennis

Tune: You're Welcome Willie Stewart

Chorus:
You've done it, Jessie Ennis,
You've won it, Jessie Ennis,
There's ne'er an athlete in awe her days,
That's half as good as thou art.

Come, jumpers high, express your joy,
The bar you must try clear it,
Don't tap it hen, or bring it doon,
You've done it, Jessie Ennis.

May foes be strang but fa' jist short,
Gold medals may she do it,
May judges on her turn their backs,
That wrangs thee, Jessie Ennis.

To A Brussels Sprout

O, Brussels sprout sae green and round,
Ye sit upon ma plate,
So innocently mystifying,
The cause o' much debate.

Some say ye taste like camel droppings,
While others think you great,
I'm sure you're sitting there a wonderin',
Whit's goin' tae be your fate.

So let me tell you o' so quick,
As nervously you wait,
That I find you e'er so loathsome,
So you definitely won't be ate.

First Kiss

Nervously they stand behind the bicycle shed,
All of twelve, more full of Beanos and
Barbie dolls,
And here they are, more for a dare than to
explore the opposite sex,
But they *are* here and there is no way of
turning back.

Clumsily he takes her hand and their
blushes erupt,
They've seen it in the movies... they know
what a kiss is,
But the question is – why would you do
something like that?
Timidly they force a smile – avoiding each
other's eyes.

But there is no turning back, so they might as
well get it over with,
They close their eyes and move towards each other,

Awkwardly noses collide – but nothing seems
to be broken,
Their lips meet.

For thirty-three seconds, lips explore each other,
Sweet, innocent nectar finding there,
And, as they part to go to French and Geography,
She wishes she could rip out her braces and he
curses his latest zit.

A Sonnet For A Saturday Night

Fourteen lines seem far too many,
After sixteen ales at the pub wae Jenny,
So bugger it – I'm gonnae stop at three and
get tae ma bed.

Donald Bought A Kilt

Oor Donald bought a kilt last week,
Och the lad's no' that bright,
For as soon as he put it on,
It gave the girls a fright.

Och, it may all have been okay,
If he'd had it tailor made,
But he bought it frae Poundstretchers,
And it's too short I'm afraid.

Oor Donald's nearly eight foot six,
For his age he's awfy big,
And it's more than the kilt thit swings,
When Donald does a jig.

Och, Donald bought a kilt last week,
And he proved that he's all male,
But he'll no' be wearin' it for a while,
For they threw the lad in jail.

Owed To A Bank Manager

Chorus:
Owed tae a bank manager,
Owed tae a bank manager;
Fifty thousand pounds,
Owed tae a bank manager!

I met a fine lass frae Govan Toon,
An' we fell in love by the light of the moon,
But noo we sing tae a different tune,
With oor Mortgage Endowment Policy Shortfall.

We bought a wee flat in the prosperous
West End,
Money nae problem – banks sae keen tae lend,
Hand shakes and words like a well kent friend,
But now the bank manager wants tae evict us.

We made our repayments twelve times a year,
Skimping like Hell on clothes and on beer,
Expecting the endowment oor mortgage tae clear,
Then came the letter wae a warning in red.

The letter it said, "Gee thanks a lot,
Your payments were good but our promise
was not,
And sadly we tell ye whit a huge debt ye've got."
So an appointment wis made wae oor friend
at the bank.

With scowl on his face he took wan look at us,
Checked through his books and started tae cuss,
Demanded we pay up without any fuss,
Or else get the Hell oot of oor hoose.

So now we're near eighty and workin' away,
The mortgage plus interest still tryin' tae pay,
And I'm sure that debt free we'll be one day,
Unless we die frae the strain of our labours.

Duck!

As a lad ma mates and I
Played chicken oan motorway lanes,
But that was dull, so now we play,
Duck wae aeroplanes.

Target Practice

Ah've jist shot my mither,
Noo that may seem strange,
But Ah'd jist bought a gun,
And she wis in range.

Yesterday I Had Sex With Miss Maggie MacGregor Frae Wellington Street, Aberdeen

This isnae a poem,
I jist wanted tae tell everybody!

A Burns' Supper

I got tae be thinking the other night,
A thought that filled me wae great delight,
Whit if one day I'm dead famous,
Just like thon Irish poet Shamus.

Whit if every year they celebrate,
Hae a toast tae me and stay up late,
Whit if they ca' this a Burns' Supper?
I wonder if this wid be just like a fish supper.

Twilight Zone

Ah'm auld,
Ah'm wrinkled and wretched,
Ah'm a life insurance policy ready to be
surrendered,
Ah'm fumbling and frail,
Ah'm a candidate for the Zimmer Olympics,
Ah'm drooping and decrepit,
Ah'm the winter of life's cruel dream,
Ah'm tired and worn,
Ah'm youth's sad antipathy,
Ah'm sickly and slow,
Ah'm a coffin awaiting occupancy,
Pity me,
The morrow is ma birthday,
Ah'm 30!!!

Yer Other National Drink

Chorus:
O, whit'll ye hae for drinking, for drinking,
for drinking?
Whit'll ye hae for drinking?
Ah'll hae an Irn-Bru.

There's monie a tipple in this land,
Beer an' vodka an' Buckie too,
But when Ah'm no' drinking whisky,
Ah'd rather hae Irn-Bru.

Ah'd never take a sip o' gin,
And cider makes me sick,
So when Ah want tae quench a thirst,
The Barrbru dis the trick.

Ye ken it's made frae girders,
Stolen oot o' building sites,
And then it's mixed wae nectar,
For a taste that aye delights.

So when yer next at the shops,
Pick up a jumbo pack,
Or, better still, make that two,
Tae save ye rushing back.

Tae A Wee Fat Bastard

Ah cannae ca' ye **** even tho' ye ur,
Ah cannae ca' ye **** fur that wid be a slur,
But wee fat bastard?
Aye, that's politically okay,
Ah can ca' ye wee fat bastard – onyday.

If Ah said ye wis a **** Ah'd be slung in prison,
If Ah said ye wis a **** it wid be religious derision,
But wee fat bastard?
Aye that's good tae go,
Ah can ca' ye wee fat bastard – even tho' yer no'.

Noo don't get me wrang – for awe

men Ah respect,

And there's goat tae be rules fur people
tae protect,

But Ah like ma coffee black – no' coffee
wae oot milk,

And Ah ca' God "He" – no' "someone o' that ilk".

So if yer ****, **** or **** and yer feelin'
awe offended,

Well, ye can ca' me a **** **** – aye that
wid be splendid,

But wee fat bastard?

Naw, please don't ca' me that,

Or Ah'll report ye tae the Vertically and
Horizontally Challenged, Fatherless, Victims
Support Board.

Charge Of The Loch Ness Brigade

Two thousand men and women too,
Prepare themselves fae battle,
Heads doon against the wind,
Like a herd o' frozen cattle.

The signal comes it's time tae go,
There's nowt else can be done,
For those that arnae fit enough,
The torture's soon to come.

Frae Foyers' hill they do descend,
All eyes upon the loch,
The leaders wae themsel' do battle,
Others fight against the clock.

A line, a mile, stretches ower the route,
Back markers start tae falter,
The leading group fight it oot,
For gold upon the altar.

At eighteen mile the climb begins,

The pace begins tae slow,
The muscles ache, the will does break,
But ye force yersel' tae go.

Into the toon, ye'll finish soon,
The streets are lined wae smiles,
Applause, a wave, a comic says,
"Christ, it's only twenty-six miles."

Across the line ye drag yersel',
You even shed a tear,
You tell yersel' o' ne'er again,
At least not 'til next year.

Address Tae The Deil

See you! Whitever they ca' ye,
Abbadon, Satan or Asmondai,
Ye think yer dead gallus don't ye,
Frightening wimen and scarin' wee weans.

But see you big man – fucking Lucifer,
Come up tae the Hog's Head Bar,
In the sunny East End o' Glesga, if ye dare,
And we'll huv a square go, jist you and me.

Aye, yer fine in graveyards in the dead o' night,
But really, Beelzebub, yer full o' shite,
Come on, show yersel', come on let's fight,
Or are ye keeching yersel' doon there!

Oh Christ! It's yersel' – Prince o' Darkness,
Ah didnae really expect ye tae turn up an' that,
Naw, naw, it wis jist the booze talking Yer
Greatness,
Whit? Ye want tae take ma soul?
Aaaaaaaarrrgggghhhhhhhh!

Humpty Dumpty

Humpty Dumpty sat oan a wa',
Humpty Dumpty hud a big fa',
It wisnae an accident,
Caused by cocaine,
It was those fuckin' Neds,
Frae Easterhoose, again.

Picts Rule

The Picts ruled for hundreds o' years,
But sae soon they were forgotten,
A lot o' people don't give a damn,
But Ah think it's blinkin' rotten.
Yet they're never quite oot ma mind,
And never oot ma soul,
For Ah think o' them when e'er I go,
Tae Pitlochry, Pitcur or Pit-on-Mair-Coal.

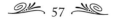

Phone Moan

There's one thing pisses me off,
That's worse than a guy wae a cough,
It's people who talk on a mobile phone,
And go oan and oan and oan and oan.

You hear them wherever you go,
In cafe or train or bingo,
What the hell are they talkin' about,
And why dae they alwis have tae shout?

Well my wife has bought one for me,
Now that I've turned sixty-three,
So I've joined the space age after all,
But I beg you, please don't call.

Ode Tae A Thistle

O mighty thistle that once kept the enemy away,
Ye ur mair beautiful than the rose onyday,
Yer nectar feeds the bee tae gie us honey,
On cloudy days you make ma garden sunny.

But dear thistle ye hae jist wan flaw,
Ye conspire tae make ma hands all raw,
For your leaves deliver a killer blow,
So sadly, poor thistle, ye'll have tae go.

My Faither Wis A Fiddler

Chorus:
Oh, Ah never heard him fiddle,
Ah never heard him play,
Ah never heard him fiddle,
And now he's gone away.

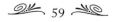

My faither's name well it was Jock,
Aye Jock that wis his name,
But they co'ed him Jock the Fiddler,
That wis his claim tae fame.

When Ah wis young Ah searched the hoose,
Tae try tae find his fiddle,
But awe Ah foun' wis nudey mags,
It really wis a riddle.

Ah watched him goin' oot tae work,
All dressed in a three-piece suit,
For a fiddler this seemed strange attire,
Ah couldnae work it oot.

"O Daddy, can Ah see ye fiddle?"
"Och, Ah cannae show ye son,
And onyway it's rather dull,
Ye widnae find it fun."

And so the years disappeared,
Ah never found out more,
But it always did a puzzle me,

That he thought the fiddle a bore.

'Twas January of '93,
That ma faither went away,
So Ah asked my dear old mither,
Why it wis he couldnae stay.

She said he was a fiddler,
He fiddled large amounts,
But the only tune that he did play,
Was with people's bank accounts.

So now he's locked up in the jail,
The fiddle ne'er to play,
But my mither's taken up fiddling,
Cos ma faither hud led her astray.

Oh, Ah never heard her fiddle,
Ah never heard her play,
Ah never heard her fiddle,
And now she's gone away.

The Big Issue Seller

Chorus:
Big Issue! Big Issue!
Help ra hameless.
Get yer Big Issue!

Dave MacGregor studied hard at school,
Learnt his tables – wis naebody's fool,
Worked thro' the nights and awe thro' the days,
Passed his exams wae eight straight As.

And so tae Uni Dave went wae glee,
Four years o' study for a maths degree,
Nights fu' o' study wae ne'er a break,
Gallons o' coffee tae keep him awake.

Sailed through the course wae honours degree,
Soon found a joab with a top company,
Twelve hours o' work every single day,
Poppin' aspirin an' stuff tae keep heidaches
at bay.

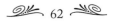

Rose up through the ranks – up through
the masses,
Nae time fur fun, friends or the lasses,
Twelve-year-old malt – Dave had only the best,
Downed by the bottle tae ward off the stress.

"My name is Dave and I'm an alcoholic,
I once had it all – but now I have colic.
But I know I can get it all back again,
Selling magazines all day in the wind, snow
and rain."

A Gay's A Man For A' That

Is there for honest policy
That hings its head, an' a' that?
The coward politician, we pass him by –
We dare be queer for a' that!
For a' that, an' a' that!
Our ways obscure, an' a' that,

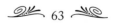

Marriage is but the guinea's stamp,
The gay's the gowd for a' that.

What though on 'homo' fare we dine,
Wear shocking pink, an' a' that?
Gie fools their thrills, and knaves their wives –
A gay's a man for a' that.
For a' that, and a' that,
Their tinsel show, an' a' that,
The honest gay, tho' e'er sae queer,
Is queen o' men for a' that.

Then let us pray that come it may
(As come it will for a' that),
That Liberty and Charity o'er a' the earth,
Shall bear the gree an' a' that.
For a' that, an' a' that,
It's coming yet for a' that,
That gay to gay, the world o'er,
Shall brithers be for a' that.

To A Broiler

O hen, whit are ye doin' in there,
Livin' yer life in a space twelve-inch square?
Would ye no' rather be roamin' the glens,
Like awe those happy, free range hens?

O hen, why are ye standin' in yer own shit,
Could some'dae no' clean the place up a bit?
Would ye no rather be oot in the sun,
Cluckin' an' peckin' an' havin' some fun?

O hen, how come yer legs are awe
covered in burns,
And how come ye keep takin' those funny turns?
Would ye no' rather be oot on the grass,
Peckin' any worms thit happens tae pass?

O hen, why are yer legs all bucked and sore,
Does mankind no' give a damn any more?
Do you have tae suffer such a life of pain,
Tae save a few pennies at some supermarket chain?

O hen, I wish it wisnae like this,
Yer life, in short, is total piss!
I wish anyone eating a chicken supper,
Wis, just for a minute, made tae watch ye suffer.

Jenny Has Left Me

Jenny has left me an' goan away,
Ma Jenny, ma dear sweet Jenny.
For she caught me havin' ma end away,
Wae her best friend Aggie, dear sweet Aggie.

O Jenny why don't ye understan' the nature o' man,
Ma Jenny, ma dear sweet Jenny.
For there's nothing wrang wae a one night stan',
Wae Aggie, dear sweet Aggie.

Jenny has left me an goan away,
Ma Jenny, ma dear sweet Jenny.
So wae her best friend Ah'll have tae stay,

Wae Aggie, ma dear sweet Aggie.

Epitaph To A Haggis

O hairy wee critter who
Once lived amongst the heather,
And ran aroun' the mountains,
Nae matter what the weather.

It seems so sad for him tae die,
Jist tae gie tae me a feast,
But it wis the hunting season,
So I shot the poor wee beast.

To John Hamilton Of Bearsden

I jotted down this little ditty,
Even though it's no' so witty,
As a reminder and a plea,
About the ten bob you owe tae me.

Squinty Bridge Is Fallin' Doon

Chorus:
Squinty Bridge is fallin' doon,
Fallin' doon, fallin' doon,
Squinty Bridge is fallin' doon,
Jist like oor parliament.

The Forth Rail Bridge for a hundred years,
Has carried railway trains,
Had it been built the way we build today,
It would now be archaeological remains.

The Brooklyn Bridge in the USA,
Opened in eighteen-eighty-three,
With modern day construction,
It would now be rotting in the sea.

The Millennium Bridge it swayed about,
Like a rickety fairground ride,
All too soon it shut doon,
And with it went our pride.

Then came the turn of Scotland,
To built the Glasgow Arc,
And as engineers we too,
Failed to make our mark.

What's up with modern building?
Why can't we get it right?
Are we trying to do it on the cheap?
Are our budgets just too tight?

Or have we reached that stage where
No one gives a toss,
And if I don't do my job right,

Well… "fuck it – it's no' ma loss!"

Will Ye Gang Tae The Heilands, Sleezie Lindsay

Chorus:
Will ye gang tae the Heilands, Sleezie Lindsay,
Will ye gang tae the Heilands wi' me?
Will ye gang tae the Heilands, Sleezie Lindsay,
We can take a train ride for free.

I know a man frae the railway,
Takes pride in dishonestie;
O gang tae the Heilands, Sleezie Lindsay,
On a first-class carriage fur free.

I've Buckie and I've gear, Sleezie Lindsay,
And a lust that's only fur thee;
They shall be thine, all thine, Sleezie Lindsay,
But right now Ah'm goin' fur a pee.

She has gotten a gown fae the pound shop,
And a bonnie blythe bride is she,
So aff we'll gang fur a nosh-up,
Wae friends, at oor wedding marquee.

Slavery And Liberty

Chorus:
Buried alive under ground,
Such cruelty,
Never sees the light of day,
Never get tae play.

The year is eighteen-forty,
And Billy's jist turned eight,
He's joinin' his faither doon the pit,
For that's tae be his fate.

At six o'clock he descends,
Into the blackness of Hell,

For twelve hours torturous labour,
In his underground prison cell.

Billy draws the whirley,
Full o' coal along the track,
Coughing up filthy dross,
While breaking his back.

By Act of Parliament Billy's bound,
Tae the master o' the pit,
Call him free or call him slave,
There's no way he can quit.

Aye, Billy's got a job for life,
When he dies at thirty-three,
Aye, Billy's got a job for life,
But he knows no liberty.

Inscription On A Goblet Belonging To Mr. Dunbar

Rabbie wis here,
Drinkin' beer.

Tae An American Tourist

O, ye came across frae Texas,
Tae the land where yer faither wis born,
O, there wis an awfy lot tae see,
And ye only had one morn'.

At 6 o'clock ye did Edinbro,
Saw the castle from afar,
By 7 o'clock ye wis at Loch Ness,
Tae catch Nessie in a jar.

From 8 till 9 ye did Bern Nevis,
Though ye didnae climb sae high,

And twenty minutes later ye were,
Whizzin' all around Skye.

Quickly you passed through Dondee,
Perth, Hawich and Arderseer,
Which left ye just ten minutes,
Tae buy yer souvenir.

O, haste ye back tae Bonnie Scotland,
Please come back again,
O, haste ye back tae Bonnie Scotland,
And haste ye away again.

Address To The Woodlark

There ne'er was a sweeter sound,
Than the warbling o' the lark.
The moon is in the heavens,
The skies they are still dark.

He sings his song sae early,

It's barely half past three.
And I am still in my bed,
And he is up a tree.

So loud his voice splits the night,
Perfect tune and never flat.
But I am tryin' tae get some sleep,
So gonnae no' dae that! Gonnae no' dae that!

A Purple Rabbit

O, my luve is like a purple rabbit,
That skis wi' joy in June,
O, my luve is like a UFO,
That's crashed upon the moon.

As fat art thou, my decrepit lass,
So deep-fried in luve am I,
And I will luve thee still my dear,
Till a' the distilleries gang dry.

Till a' the distilleries gang dry,
And the skunk melts wi' the sun,
I will luve thee still, my dear,
While the Buckie o' life shall run.

Pour Me Anither One Do

O, I sit here amidst the lonely gloom,
Of a public house in Inverfrew,
And sip upon ma solitude,
Like a hermit lost in a crowd.
"One whisky's ne'er enough – pour me
anither one do."

And sadness washes over me,
My troubles rise to haunt anew,
While all around the strangers dance,
Like ghosts of ma long lost past.
"Two whiskies, ne'er enough – pour me
anither one do."

Against ma will ma spirits lift,
I bid ma blues adieu,
As malty warmth runs through ma blood,
And leads ma soul frae dark caves.
"Three whiskies, ne'er enough – pour me
anither one do."

I raise a smile at the throbbing mass,
A blur of swirling happiness I view,
No longer strangers – neighbours, friends,
These are my dearest family.
"Four whiskies, ne'er enough – pour me
anither one do."

"Dougie, mate, how's it goin' ma man?"
"Senga doll, yer lookin' grand ra noo!"
"Och guys huv a told ye's that Ah love ye's awe?"
"Come oan, Ah's ell gets ye's awe a weee drink!"
"Five whiskies, ne'er enough – pour me
anither one do."
"Aye an' a round fae awe ma mates – see them Ah
couldnae live without them. Pure dead brilliant

so they ur – know whit Ah mean?"

Epitaph To Sammy Reid

Here lies old Sammy Reid,
He often lied, he often bluffed,
So jist tae make sure that he wis deid,
We went and had his body stuffed.

Battle O' The Thistle

Ah havnae a clue about Bannockburn,
Culloden or Homildon,
But August '91 is engraved in my heart,
It's a battle Ah'll ae tell ma son,
For that's when the Bankies beat Thistle,
Seven – bloody – one!

Pretty Pig

As I gaed up by yon gate-end,
When day was waxin' weary,
Wha did I meet come down the street,
But a pretty pig, my dearie!

Her air sae sweet, an' shape complete,
Wi' nae proportion wanting,
The Queen of Cuisine did never move,
Wi' motion mair enchanting.

So frae the oven came streaky bacon,
And stew made from her liver;
Oh, that sweet beast, such a tasty feast,
Forget her shall I never!

A Fair, Fair Maid

There was a lass and she was fair,
She wore fine ribbons in her hair,
But her actions made me despair,
For she liked to play at rugby.

'Twas at the Highland games one day,
I met her and to my dismay,
She told me to be on my way,
For she was off to toss the caber.

One night to a country ball I went,
In the hope of finding merriment,
But discovered my fair lass she was bent,
For I saw her kissing Alice.

And so it seems I loved in vain,
Now I'm set for a life of pain,
For I'll never love a maid again,
O! I'd be better off shagging sheep.

Another Bloody Epitaph

I sit tae write his epitaph,
Anither friend is deid,
I've written twelve already this month,
So this warning ye must heed:
Don't come near me!
Don't in God's name become ma friend.
They awe die.
I'm really skunnered wae it.
Is it me?
Is it something I said?
Maybe I bore them tae death wae ma poetry!

Would Ye Hae A Fat Lass?

Chorus:
Would ye hae a fat lass – a fat lass?
Would ye hae a fat lass?

For there's nae thin wans left.

Like all young boys as they do grow,
Ah'd like tae sow ma wild oats,
But listen tae ma tale o' woe,
And maybe even take some notes.
For tho' the models on the stage,
Are awe sized a perfect zero,
Every girl that I do meet,
Has a massive bloody rear O.

O, the girls are all so fat,
It's hard tae find a thin one,
And it's really an awful sight,
When yer stuck right behin' one.
O, why do they eat so much,
When they should be on a diet?
And if you say they look that way,
They'll start a fuckin' riot.

Down The Burn Davie

As down the burn they made their way,
And thro' the flowery dale,
Davie fell into the burn,
And landed on a whale.

Now Mary wisnae offy pleased,
She yelled out, "Come back you prat,
How dare ye take me down the burn,
Then bugger off like that!"

Well Davie wis carried oot tae sea,
And never seen again,
So Mary hurried off back hame,
And married her cousin Ben.

To Dr Maxwell On Mrs Bessie McNafter's Recovery

My wife was a lang time sick, Dr Maxwell,
Wae but days left tae live,
But now she's fine, Dr Maxwell,
By the treatment you did give.
Damn you tae hell, Dr Maxwell.
Damn you tae hell.

Hairy Mary Frae Maryhill

Chorus:
And I'll kiss my Mary,
Bonnie, bonnie Mary,
Yes, I'll kiss my Mary,
But I'll have to wait in ra queue.

It's in her arms, wi' a' her charms,
That the lads they want to be, O!

For efter beer an' chips, they want tae
taste her lips,
And the same could be said for me, O!

Now Mary was born in Maryhill,
By the age o' twelve she'd gone on the pill,
And she's never had sex against her will,
For she always says "Aye okay, O".

Well I met my Mary at Glasgow Zoo,
I was sixteen; she was twenty-two,
She was throwin' stanes at a kangaroo,
And immediately I fell in love, O.

Plucking up my courage I asked her on a date,
She said, "Oh, aye? Dae ye want tae copulate?",
I said, "Whit?"
And she said I was a stupid little shit, O.

I asked again, only pleadin' this time,
For I really wanted Mary tae be mine all mine,
She agreed tae meet me on Friday at nine,
And that made oh so happy so it did, O.

Well on Friday I went tae her garden shed,
And was surprised tae see a bloody big bed,
And nine other guys including Ed, Ned and Ted,
All waiting for the love of Mary, O.

It's in her arms, wi' a' her charms,
That we all want to be, O!
And for fifty pence tips, we shall taste her lips,
Which seems like a bargain tae me, O!

How Lang And Dear Is The Wait

Chorus:
Press One for a lang, lang wait,
Press Two tae go on premium rate,
Press Three tae be neglected,
Press Four tae be disconnected.
Thank you for holding,
Your call is important to us.

Ah 'phoned the doctor the ither day,
And wis shocked at the cost Ah hud tae pay,
For now he's switched tae a premium line,
Press one if yer sick and two if yer fine.

The voice said, "Thanks for calling,
Some options now you've got,
It will only take an hour or two,
And will cost you such a lot.

"For we've streamlined the system,
Tae make it better than before,
And eventually you'll be connected,
Tae a girl from Bangalore.

"Yes the Doctor wants tae help you,
Especially if you're ill,
But right now he's in Bermuda,
On the proceeds o' your bill."

Wee Willie Gray

Wee Willie Gray wis a proper hard ticket,
Had a bat even though he never played cricket,
He used it to hit friends over the head,
Kept on hitting them till they were dead,
This always happened after ten pints o' ale,
But ne'er again cos Willie's noo in jail.

Ye Stocks And Shares

Tune: Ye Banks and Braes

Ye stocks and shares o' Northern Rock,
How can ye crash sae bloomin' quick?
How can ye ruin yer wee investors,
And make it look like ye don't care.

Ye'll break my heart, ye bungling oafs,
That wanton through the legal thorn,

Ye mind me o' expired bonds,
Expired, never to return.

Oft hae I roved by Northern Rock,
To see the teller or cash machine,
And ilka manger sang o' its growth,
And fondly sae did I o' mine.

Wi' loathsome heart I pu'd ma deposit,
Even tho' there was an awfy queue,
But my fause lover stole awe my money,
And oh! She left the debt wi' me.

Brose And Butter

Chorus:
O gie my love brose, lasses;
O gie my love brose and butter;
For she has tae eat these, though,
She wid rather hae a fish supper.

Jenny sits up i' the laft,
Fo' she had a fight wae her mither;
Says she no comin' doon,
She's gonnae sit there an' wither.

It started oot as some fun,
We were only muckin' around;
But then her mither came hame,
And the two of us were found!

My daddie sent me to the hill,
Awhile for tae get weathered;
And Ah know when Ah get hame,
Ah'm gonnae get bloody leathered.

We done a stupid thing,
And now we're both in trouble;
So Jenny will only get brose,
An' Ah'll be eating stubble.

Now we are jist fourteen,
And always getting intae bother;
Oh Jenny Ah lang for the day,

When we can be the gither!

Best Way Tae Recycle

They say we should recycle,
Tae keep this world alive,
Well Ah'm doing my bit,
Ah'm now on wife number five.

Bull Housing Market

They're building hooses everywhere,
Every bit o' space is under attack,
My prize bull, Jock, fell asleep last week,
Noo there's a penthoose oan his back.

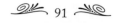

Here's A Bottle, Ya Big Bampot

Here's a bottle, ya big bloody bampot,
What wad ye wish for mair, big man?
Wha kens, before this Buckie may end,
We may be lifted by the cops, man.

We shouldnae hae stolen that car,
And dumped it in the Clyde, man.
Ah've a feeling deep in ma guts,
We'll be doin' a wee stint inside, man.

To Ma Valentine (Attempt 1)

Roses ur red,
Violets ur blue,
Ah've been on the Buckie,
So see ma face man, it's awe red too.
Know whit Ah mean an' that?

Joe Sanderson The Plumber

Joe Sanderson wis a plumber,
An' Ah wis his plumber's mate,
An' we plumbed o' aroun' the toon,
By Christ wis it no' great.

We'd go oot on a job,
Tae some sad old gits,
We'd say, "Thon tap thit's leakin',
We canny get the bits.

So try an' keep yer kerpets dry,
Until we get back,
It may be a week or two,
And it will cost ye a proper whack."

Next day we wid appear again,
Straight frae the pub,
An' we'd replace the washer,
An' the whole fuckin' tub.

We'd charge them a ton o' doe,

But they'd think thit we wis great,
Aye! We wis like heroes so we wur,
Joe Sanderson and his mate.

On The Happy Occasion O' The Birth O' Alice Smith

Och ye know, Ah'm jist sae glad,
No' tae be writin' another bloody epitaph,
Thit Ah could jump aboot wae joy,
Shout wae glee then hae a good laugh.

A baby's born today, yippee,
Well done tae mum and dad,
And bloody Hell am Ah no' pleased,
Tae write something that's no' sad.

So baby Alice we welcome you,
You're a miracle – a right wee wonder,
And Ah truly hope thit Ah'm no here tae write,
When they put you six foot under.

'Twas On The Erskine Bridge

Chorus:
'Twas on the Erskine Bridge my dear,
'Twas on the Erskine Bridge,
That I asked Maggie Smith tae marry me,
O I wish I'd chucked her then.

So young were we a courting,
We'd barely turned seventeen,
When off we went one stormy night,
'Twas the night of Halloween.

To a party we'd been invited,
At a pub called King Knute,
My Maggie dressed as a strip-a-gram,
And I wore my birthday suit.

We had tae cross the Erskine Bridge,
The wind how it did howl,
The snow did fa' in sheets so cold,
By jinks but it was foul.

We cooried-in tae keep us dry,
For our brolly had blown away,
And all we had tae keep us hot,
Was her knickers and my toupee.

As we reached the centre o' the bridge,
I began tae freeze,
My penis turned to a block of ice,
And hung between my knees.

But Maggie wouldn't let me die,
She wiped away the snow,
Then took my manhood in her mouth,
And she began tae blow.

So thrilled, I got down on one knee,
And asked her me tae wed,
She said, "Oh bugger the party,
Let's hurry home tae bed."

Within a week she was my wife,
Such a happy soul was I,
Till I discovered she'd killed her father,

And baked him in a pie.

My misery had just begun,
My life so suddenly changed,
For the woman that I'd married,
Was completely deranged.

She often tried tae poison me,
Or stab me with a knife,
She even dropped a horse on me,
In an attempt tae take my life.

Ach, that was thirty years ago,
But things are different now,
No longer does she threaten me,
For off the Bridge I chucked the cow.

Cumin' In The Rye

Chorus:
O Jenny's a' weet, poor body,
Jenny's seldom dry:
She lost her satin underwear,
Cumin' in the rye!

Gin a body meet a body
Cumin' in the rye,
Gin a body shag a body,
Need a body cry?

Gin a body meet a body
Cumin' in the glen,
Gin a body shag a body,
Need the wife ken?

Gin a body meet a body
Cumin' in the grain,
Gin a body shag a body,
Need they get VD again?

Young Jamie Pride O' The Clyde

Young Jamie, pride of the Clyde,
Five foot high an' six foot wide,
Alwis tryin' tae get some nookie,
Ends up stuffin' his face wae cookie.

Jamie tried at the office party,
Tae chat up anything that looked tarty,
He tried it on with the boss's missus,
And goat himself some Glesca Kisses.

Went to a disco tae try his luck,
The girls all said he could go and...
look elsewhere,
But Jamie struck lucky and headed hame,
Wae an ugly looking burd who wis oan the game.

Times Table

Two ones ur two,
Two twos ur four,
Don't fancy Jenny any more,
Two threes ur six,
Two fours ur eight,
Think Ah'll ask Mary fur a date,
Two fives ur ten,
Two sixes ur twelve,
Two sevens ur fourteen,
She looks jist like a beauty queen,
Two eights ur sixteen,
Two nines ur eighteen,
Wae hair o' brown and eyes o' green,
Two tens ur twenty,
Two elevens ur twenty-two,
Ah'll ask her wance this lesson's through,
Two twelves ur twenty-four.

Three ones ur three,
Three twos ur six,

Ah'll maybe ask her oot tae ra pics,
Three threes ur nine,
Three fours ur twelve,
Three fives ur fifteen,
Three sixes ur eighteen,
Mustnae let her think thit Ah'm too keen,
Three sevens ur twenty-one,
Three eights ur twenty-four,
Even though she's the one thit Ah adore,
Three nines ur twenty-seven,
Three tens ur thirty,
Three elevens ur thirty-three,
Wow, she's whispering tae her friend about me,
Three twelves ur thirty-six.

Four ones ur four,
Four twos ur eight,
They're bloody well laughing aboot ma weight,
Four threes ur twelve,
Four fours ur sixteen,
Four fives ur twenty,
Four sixes ur twenty-four,

Don't think Ah like her any more,
Four sevens ur twenty-six,
Four eights ur thirty-one,
Four nines ur thirty-seven,
Hey Miss, Ah need tae go tae the lavvie.

Cupid's Beau Went Astray

He saw her across a crowded room,
She'd hud too much vodka and wis havin' a puke,
But at once he wis besotted,
Jist wae that wan first look.

He took her out oan a date,
They watch a movie an' hud a slap up meal
at Pizza Hut,
He wis totally in love,
Though he knew she wis a slut.

As he dropped her at the bus stop,

They had one long kiss wae tongues as
they waited at the shelter,
And all the time he thought,
"She's one right wee belter."

He didnae see her awe the next week,
For wae his job he sometimes hud tae dae
a wee bit o' travellin',
So though he wis really missin' her,
He had tae take it oan the chin.

As soon as he goat hame,
He went straight round to her flat and they
spend the night caressing,
This really turned him oan,
But he wished they were undressing.

A few days later, after a bevvie,
He said, "Ah love you doll," so she rushed
him hame to bed,
They spent the night shagging,
Till he was fair near dead.

Well he bought a nice wee ring,
And goat down on his knees and ask her
tae be his wife,
She said "aye" and he thought,
"Christ, this is the life!"

By Christmas they were wed,
But after havin' eleven weans he realised
thit it wisnae really love,
But being a good Catholic boy,
Divorce wid anger the Big Man Above.

So he's stuck wae her,
And they noo live in a council hoose wae their
awfy sprogs an' a squad o' grand-wean,
Ah, it's now thirty years or so,
Since Cupid's arrow missed his heart and
splattered through his brain.

To Ma Valentine (Attempt 2)

Roses ur red,
Violets ur blue,
Ah'm goin' tae puke,
Whit aboot you?
We've been on the Buckie,
Since half-past two,
Now it's near midnight,
… dae ye fancy a shag?

Ode To A Salmon

(Written on the back of an old label from a can
of Heinz Baked Beans – it is not known if the
beans were consumed first.)

Two thousand miles you have travelled,
From the icy Atlantic waters of Greenland,
Driven by some unseen inner passion,

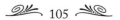

Tae return to your birthplace in dear Scotland.

Up thon Clyde Estuary you did venture,
A torpedo of silver flashing through water,
Skilfully dodging condoms, beer cans and bottles,
And kamikaze attacks from an otter.

With power and grace you endured
The industrial waste of Glasgow town,
Sweeping past old prams and shopping trolleys,
And the skeletons of folk who there did drown.

At last you reached the crystal clear waters
Of Lanark – now devoid of cotton mills,
Where you ran the gauntlet of people,
On the banks popping all sorts of pills.

Worn out you came to the place of your birth,
Where your eggs could now be set free,
You made such a hazardous journey,
But you hadn't planned on meeting me.

By the river I sat with my rod,
And a worm that looked tasty tae thee,

Ah, you came all that way my dear salmon,
And now you're coming home for ma tea.

Tae A Ball Point Pen

O, wee pen you're fu' o' ink,
Sae useful for poem writing,
But how dae you ken tae let the ink oot,
On the paper but no' on ma best suit?

Holy Millie's Prayer

Hey you up there! Aye you! Ah'm talkin' tae you,
God... or whitever they call you these days,
How come you've no' goat a mobile – we all
bloody well do,
And huv ye never thought about getting'

oan ra internet,
Christ whit kinda God are you if you cannae
even keep up wae technology.

Onyway Ah've goat a wee bone tae pick – right!
How come ye never bother answering ony
o' ma prayers,
Dead bloody ignorant that is – ya big waster,
Fur a start, Ah keep askin' ye fur a win
oan ra lottery,
Whit dae I get – ten bloody poun' – whit can Ah
dae wae a tenner?
Hardly enough fur a couple o' vodies and
a fish supper,
So get yer act the gither big man – gie me
that big win soon.
Ah'll even chuck a few quid in ra charity box tae
make it worth yer while.

Yer treatin' me worse than yon Job guy – you
know the wan ye smitted wae boils,
And made wear yon multi-coloured coat thit

made him look sae stupid,
Whit's the idea o' giving me lumbago and me
only forty-two or whatever,
Whit's that all aboot – eh – who benefits frae
me being sore?
So come on noo – play the game – gonnae just
fix that oot.

An' another thing – see ma wee lassie – how
come nay matter how hard Ah pray,
She keeps gettin' shit results in school an' that?
Ah know she's no' intae studying big time or
onything – but gies a break,
A couple o' bloody Bs widnae go amiss –
awe she ever gets ur Ds,
So pull some strings up there will ye – just so
ma wee Bettie,
Get's better results than yon we snotty
kid Ronda,
Ronda, Ah ask ye, whit sort o' name is
that fur a wean,
And her maw's a pain in the arse right enough,

So anyhow that's aboot it fur the night but see if
you don't answer these,
Ah'm tellin' ye – Ah'm gonnae gie yon other
bloke Lucifer Beeblebrox a wee shout.

On Bob And Jack McBride

Here lies Big Bob and Jack his twin,
Ah telt them yon ice wis far too thin.

Traffic Jam On Iona

I wis heading south tae Martyr's Bay,
Happy as Larry on a fine summer's day,
And whit did Ah see comin' the other way,
Bit a bloody big Ford Cortina.

Weel this wis sae strange Ah jist have tae say,

For tae see another car oan the very same day,
But I knew for a fact thit Ah had right o' way,
So Ah sure as hell wisnae budgin'.

We sat wae our cars as close as an inch,
He tooted his horn but Ah didnae flinch,
Even tho' tae reverse wid be a cinch,
Ah wisnae for movin' or nothin'.

Well day turned tae night and there we did sit,
Both of us determined we widnae submit,
I opened ma windae and called him a git,
For Ah wanted hame for ma dinner.

Four days they did pass and there we did stay,
Me wantin' tae go south and him the other way,
But sadly Ah tell ye, tae my great dismay,
The bugger wisnae for shiftin'.

A year has gone by and the cars still block the road,
Around them now a path has been mowed,
And tae get ma car back it wid have tae be towed,
For it's rusted away tae near nothin'.

The Birks Of Aberfeldy In Winter

As Winter weeps and sighs her tears,
O'er bank and branch and painted tree,
Come let us stroll neath sapphire skies,
In the Birks of Aberfeldy.

Through white and bare the trees do show,
Tho' Winter casts her veil of snow,
A glimpse of gold no man could grow,
In the Birks of Aberfeldy.

The robin sings to the river's tune,
The gushing waters tumbling doon,
As hands entwined we two shall spoon,
In the Birks of Aberfeldy.

Earth's rocky climb like towers high,
Yawning, stretching to the sky,
Enwrap, enfold us, you and I,
In the Birks of Aberfeldy.

Sparkling diamonds melt together,

Their time is short, e'er remember,
Forever we shall love and walk,
In the Birks of Aberfeldy.

Thou Hast Left Me Forever Jamie

Thou has left me forever, Jamie,
Thou has left me forever.
Thou has left me forever, Jamie,
Thou has left me forever.
Thou has left me forever, Jamie,
Thou has left me forever.
Thank f*#$ for that!

To Ma Valentine (Attempt 3)

Roses ur red,
Violets ur blue,
Show me yer knickers,
An' Ah'll take ye tae the zoo.
There we'll see the elephants,
And the baby lions too,
Then we'll hae a curry,
And Ah'll snog ye till ye turn blue.

Thoughts Oan An Egg

There once wis an egg,
Wae only wan leg,
But it did huv a passion,
For smashin'.

Mary Had A Little Lamb

Mary had a little lamb,
It wis always feeling randy,
And you could shag that lovely beast,
If first you bought it shandy.

Epitaph Tae Hugh George Bottom Esq., Of Lower Lumbago

Here lies Big Hugh G. Bottom,
At thirty stone he wisnae thin,
It took a week tae dig his grave,
And anither two tae get him in.

Towed To A Garage

I bought masel' a bonnie wee car,
A Citroen 2CV,
And wae the wife went for a ride,
Down tae the sea.

The car zoomed alang the road,
At 20 miles per hour,
O whit a thrill tae feel the force,
Of such power.

Alang country roads we sped,
Wind in our hair,
Wae lots o' cars following us,
Horns all a blare.

Ahead of us a hill appeared,
Gradient 1 in 4,
The little car tried its best,
But found it a chore.

A rumbling roared frae the bonnet,

Smoke filled the air,
Behind us all the cars did stop,
Folk began to swear.

For four hours I tried sae hard,
Tae get her tae start,
But the engine only made a sound,
Just like a fart.

At weary last we had tae call,
Upon the RAC,
The nice man took a look and said,
"Oh dear me."

With rope he hitched up the car,
Tae gie us a tow,
Back hame tae a garage,
We had to go.

The garage man didn't even smile,
At oor wee car,
He said that in such a state it wid
Never go far.

At last he told us the cost tae fix,
One thousand pound,
So once more the car got toed –
Tae the scrap car compound!

Bonie Dundee

My blessin's upon thy wee lippie!
For ye run the best bloody chippie!
And I wid walk two miles or even three,
Tae eat frae The Bonie in bonnie Dundee!

But one thing gets oan ma goat,
The words they stick in ma throat;
When ye named yer chip shop Bonie,
Why no' use two 'n's and ca' it Bonnie?

Gonnae Put The Cat Oot

Gonnae put the cat oot,
It's no that much tae ask.
Gonnae put the cat oot,
It's a simple enough task.
Gonnae put the cat oot,
It's all that I desire.
Gonnae put the cat oot,
The bloody thing's oan fire.

Drownin' Ma Sorrow

Ah went tae the pub tae drown ma sorrow.
It didnae work,
Ah should have taken her tae the river.

The Love O' The Aberdonian

Baa Baa Black sheep,
You're looking awfy cute,
Baa Baa Black sheep,
Wid ye like tae go oot,
We could go tae the pictures,
And then hame for tea,
And then head aff tae bed,
Jist ewe and me.

Ode To A Toad

Poor wee doolfu' toad,
Ye goat a right bum deal,
For sexy girls a frog will kiss,
A prince for tae reveal.

The frog has skin so soft an' smooth,
While yours has warts that shock,
The frog is built tae hop around,
While ye have goat tae walk.

But dinnae get too upset,
As ye lay ten thousand eggs,
For yer weans will grow up safe and sound,
For nae one eats toad's legs.

Glossary

Aboot:	About
Ae:	One
Aff:	Off
Ah:	I
Ahin:	Behind
Ain:	Own
Alang:	Along
Alwis:	Always
Anither:	Another
Arnae:	Aren't
ASBO:	Anti-Social Behaviour Order
Auld:	Old
Awe:	All
Awfy:	Awful
Aye:	Yes / Always
Bampot:	Head-case
Barra:	Barrow
Belter:	Good looking person
Bevvie:	Drink
Blootered:	Drunk
Bonnie:	Pretty
Brithers:	Brothers
Buckie:	Buckfast wine
Burd:	Girlfriend / Girl
Buroo:	Office for unemployment benefit
Ca':	Call
Cannae:	Can't

Chav:	A posh Ned
Clathes:	Clothes
Co'ed:	Called
Coorie-in:	Snuggle in
Cowp:	Throw into rubbish tip / Destroy
Dae:	Do
Deil:	Devil
Didnae:	Didn't
Dinnae:	Don't
Doolfu:	Doleful
Doon:	Down
Drookit:	Soaking wet
E'er:	Ever
Efter:	After
End away:	To have sex
Fa':	Fall
Fae:	For
Fain:	Affectionate, glad
Faither:	Father
Fause:	False
Ferlie:	Strange / Marvellous
Fo':	For / Fall
Frae:	From
Fur:	For
Gaed:	Went
Gallus:	Self-confident / Stylish
Gang:	Go
Gear:	Clothes that a Chav wears / Illicit drugs
Gie:	Give

Gies:	Give me
Gin:	If
Gither (the):	Together
Glesca Kiss:	A head butt
Glesga:	Glasgow
Goan:	Going / Gone
Gonnae:	Going to
Gowd:	Gold
Hae:	Have
Haff:	Half
Hame:	Home
Heid:	Head
Heilands:	Highlands
Hen:	Woman
Herm:	Harm
Hings:	Hangs
Hoose:	House
Hud:	Had
Hudnae:	Hadn't
Huv:	Have
Ilka:	Everyone / All
Intae:	Into
It:	At
Ither:	Other
Jined:	Joined
Jist:	Just
Jo:	Sweetheart
Keeching:	Shiting
Keeching:	Shitting

Kent:	Known
Kerpets:	Carpets
Laft:	Loft
Lang:	Long
Lavvie:	Toilet
Leathered:	Hit with a belt
Lour:	Threaten
Ma:	My
Mair:	More
Masel':	Myself
Missus:	Wife
Mither:	Mother
Monie:	Many
Nae:	No
Nane:	None
Naw:	No
Ned:	Chav / Delinquent
No':	Not
Noo:	Now
Nookie:	Sex
Nowt:	Nothing
Nudey:	Nude
O:	Of / Oh
Oan:	Own / On
Offy:	Awfully
Ony:	Any
Onyday:	Any day
Oor:	Our
Oot:	Out

Ower:	Over
Pit:	Put
Puke:	Vomit
Ra:	The
Rin:	Run
Sa':	Some
Sae:	So
Sairest:	Sorest
Scunner:	Annoy / Become annoyed
Shoot:	Inject drugs
Shouldnae:	Shouldn't
Skelter:	Extremely ugly person
Skiver:	Lazy person
Skunk:	Cannabis
Skunnered:	Annoyed
Sleekit:	Sly
Snog:	Heavy kissing
Somedae:	Someone
Spoon:	Caress openly
Sprogs:	Children
Square go:	Fight without weapons
Staen:	Stone (weight)
Stane:	Stone
Strang:	Strong
Sun:	A big orange thing sometimes seen in the sky in June
Tae:	To
Taegither:	Togither
Taenight:	Tonight

Tattie:	Potato
Telt:	Told
Ten bob:	Ten shillings in 'old' money
Thit:	That
Tho':	Though
Thon:	That
Toon:	Town
Tum:	Stomach
Tumshies:	Turnips
Twa:	Two
Um:	Am
Ur:	Are
Vodies:	Vodkas
Wae:	With
Wan:	One
Wance:	Once
Wanton:	Indulge in a carefree way of life
Warl':	World
War'ly:	Wordly
Watter:	Water
Wee:	Small
Weel:	Well
Weet:	Wet
Wha:	Who
Wham:	Whom
Whirley:	Carriage used for transporting coal
Whit:	What
Whitever:	Whatever
Wi':	With